I0115301

b. 1030.

LE RÉPUBLICAIN

DES CAMPAGNES

PRÉFACE.

Ces Entretiens ont été publiés par le citoyen Eugène SUE, sous
forme de journal, qu'il a distribué gratuitement dans les communes du département du Loiret.

PREMIER ENTRETIEN.

Mes Amis et chers Concitoyens,

Je viens causer avec vous de nos affaires ; c'est mon devoir, j'ai du
loisir, vous n'en avez pas. Les braves gens des campagnes n'ont guère
le temps de se mettre au courant de ce qui se passe : toute la journée
leur travail les retient aux champs ; ils ne voient presque jamais de
journaux, et si, le samedi, quelques-uns vont au bourg ou à la ville,
souvent de fausses nouvelles les inquiètent, les trompent.

Si vous avez confiance en moi, j'espère vous rassurer et vous aider à
distinguer le vrai du faux.

Pour commencer, comme on dit, par le commencement, il est donc
bien entendu que nous avons LA RÉPUBLIQUE.

Louis-Philippe et ses ministres conduisaient la France à la ruine, à la
banqueroute, à la honte ; le peuple, poussé à bout, a chassé *Louis-Philippe*
en vingt-quatre heures : c'est bien fait, n'en parlons plus. Dieu merci,
il aura été le dernier de nos rois !

Ce dont je voudrais vous persuader, c'est que le *Gouvernement répu-*
blicain est le MEILLEUR *que nous puissions avoir*.

Pourquoi cela?

Je vais vous le dire :

Le Gouvernement républicain est le *gouvernement du peuple* PAR LE
PEUPLE.

Voici comment :

Les élections vont commencer ; car, sous le Gouvernement républicain,
il n'y a plus d'électeurs privilégiés. Vous, comme moi, *nous sommes*
TOUS ÉLECTEURS, et appelés à élire nos *représentants*.

C'est-à-dire que nous avons le droit de choisir à la majorité des voix
parmi les habitants de notre commune, de notre canton, de notre arron-
dissement ou de notre département, un certain nombre de personnes di-
gnes et capables de prendre nos intérêts à l'*Assemblée nationale*, qui doit
être réunie à Paris, le mois prochain, au nombre de *neuf cents représen-*
tants du peuple pour toute la France.

Voilà ce que c'est que les élections.

Voilà quel en est le but.

L'Assemblée nationale, composée de ces neuf cents représentants du
peuple, sera donc chargée d'organiser définitivement la République, de
défendre les intérêts de tous et de faire ou de réviser les lois, afin d'a-
méliorer le sort de la population des villes et des campagnes.

Or, le peuple compose, n'est-ce pas, l'immense majorité du pays?

A l'Assemblée nationale, les représentants du peuple, s'il sait bien
les choisir, seront donc les plus nombreux ; et comme ce sont eux qui
fixeront l'impôt, par exemple, il est bien clair qu'ils feront en sorte que
les impôts directs ou indirects, si lourds principalement pour la population pauvre, soient peu à peu diminués ; car il est très injuste, je suppose, qu'un poinçon de vin de notre vignoble, qui vaut de 30 à 40 fr.,
paie autant de droits qu'un poinçon de vin de Bordeaux ou de Bour-
gogne, qui vaut 500 fr. !

Nos représentants devront demander encore que le Gouvernement,
aidé des municipalités, établisse dans chaque commune une Crèche et
un Asile, où seraient gardés et soignés pendant le jour les enfants que
leurs mères sont forcées de laisser seuls à la maison lorsqu'elles vont
aux champs.

Nos représentants devront demander encore que le Gouvernement,
toujours aidé des municipalités, établisse dans chaque commune une
maison où les vieillards pauvres et infirmes, après avoir travaillé toute
leur vie, trouvent au moins un logement, du pain et des vêtements.

Nos représentants devront demander encore que, dans les pays comme le nôtre, où il y a tant de mauvais étangs et de marchais, qui enfièvrent la contrée et nuisent à la culture, le Gouvernement soit chargé de l'assainissement des terres, comme il est chargé de l'entretien des routes.

Il y a enfin une foule d'autres choses très utiles, très avantageuses que les représentants du peuple devront demander au Gouvernement républicain, et qu'ils obtiendront sans doute, telles que :

L'éducation gratuite et complète pour tous ;

Des fermes-modèles et des écoles d'agriculture ;

L'assurance par l'État de toutes les propriétés sans exception, de sorte que tout le monde étant assuré il en coûtera très peu de chose à chacun, et personne n'aura plus à craindre l'incendie pour sa maison, les sinistres pour ses récoltes, la gelée pour sa vigne, la mortalité pour son bétail !

L'impôt progressif, qui dégrèvera d'autant plus le pauvre et la petite propriété qu'il pèsera davantage et proportionnellement sur la grande ;

L'impôt sur les rentiers et sur les prêteurs sur hypothèques, ce qui permettra peut-être de supprimer les octrois ;

Et bien d'autres améliorations encore, dont nous parlerons plus tard.

Sans doute, me direz-vous, c'est déjà beaucoup de pouvoir demander ; car, sous le gouvernement des rois, nous payions toujours, et jamais nous n'avions le droit de réclamer ou de demander quelque chose ; mais enfin, de demander à obtenir il y a loin, promettre et tenir sont deux.

A cela je vous répondrai que le Gouvernement républicain, depuis seulement un mois qu'il existe, a déjà plus fait pour le peuple que les gouvernements des rois n'ont jamais fait depuis des siècles.

Ainsi, sans vous parler d'ateliers nationaux ouverts dans toutes les grandes villes et sur tous les points de la France (on va établir un de ces ateliers pour consolider les levées de la Loire), ce qui donne de l'occupation à tous les ouvriers sans ouvrage, je vous citerai un fait :

Le lendemain du jour où la République a été proclamée, l'immense palais de *Louis-Philippe*, à Paris, a été changé en un *Hôtel pour les travailleurs invalides ;* ils ont donc maintenant leur hôtel, comme les invalides militaires ont le leur.

Ceux de vous qui ont été à Paris depuis la révolution, ou ceux qui iront, vous diront comme moi qu'on lit à la porte de l'ancien palais de Louis-Philippe :

HOTEL DES INVALIDES CIVILS.

Voilà, mes amis, entre bien d'autres exemples, un des premiers actes de la République ; assurer le sort des invalides civils ce n'est point là une promesse, c'est un fait.

Et si la République a fait cela pour Paris, pourquoi n'agirait-elle pas de même pour les campagnes, en se joignant aux communes pour fonder des maisons de retraite pour les travailleurs pauvres et infirmes, comme nous le disions tout à l'heure.

Maintenant, la *République* ne vous paraît-elle pas devoir être meilleure pour le peuple que le *gouvernement des rois*.

A dimanche, mes amis, nous causerons de la signification de ces trois mots inscrits sur le drapeau de la République :

LIBERTÉ, ÉGALITÉ, FRATERNITÉ.

DEUXIÈME ENTRETIEN.

Ainsi donc, mes amis, parlons du drapeau de notre République.

Vous savez, comme moi, que ce drapeau est bleu, blanc et rouge, et qu'il porte ces trois mots écrits sur son étoffe :

LIBERTÉ, ÉGALITÉ, FRATERNITÉ.

L'esprit, le caractère, les principes du Gouvernement républicain sont renfermés dans ces trois mots. Je vais tâcher de vous le prouver.

Commençons par le mot LIBERTÉ.

Sous la République tout le monde, en se conformant aux lois, est libre *d'agir, de penser, de prier, de parler, d'écrire, de voter, de s'associer, de se réunir comme il l'entend*, en laissant naturellement à un chacun la liberté d'agir de son côté comme il veut, et sans nuire à personne.

Sous le gouvernement des rois il n'en était pas de même.

Citons quelques faits.

Par exemple : ce petit journal que j'écris et que vous lisez, m'a paru bon et utile à faire, je l'ai fait; eh bien, sous le gouvernement des rois, je n'aurais eu cette liberté qu'à de certaines conditions très onéreuses ; c'est-à-dire que pour avoir le *droit de vous envoyer ce journal, soit tous les dimanches, soit tous les jours,* j'aurais dû 1° verser à l'État ce qu'on appelait un *cautionnement*, c'est-à-dire une somme qui variait de VINGT-CINQ A CENT MILLE FRANCS ; 2° payer un IMPÔT par chaque feuille du journal.

Sous la République, au contraire, n'ayant pas de *cautionnement* à verser, pas *d'impôt* à payer, je peux vous adresser ce journal ; nous jouissons donc de la *liberté de la presse*, moi en vous écrivant, vous en me lisant.

Et cette liberté de la presse, mes amis, est un des plus grands bienfaits de notre République.

Savez-vous pourquoi?

Parce que les journaux ne payant plus *ni cautionnement ni impôts* pourront, à cause *de leur bon marché*, parvenir partout ; et, tôt ou tard, toutes les communes ayant leur journal, chacun saura, comme tout citoyen républicain doit le savoir, ce qui se passe en France ou à l'étranger ! chacun pourra s'instruire encore d'une foule de choses excellentes à connaître contenues dans les journaux, soit sur l'agriculture, soit sur les métiers, soit sur le bien-être de la maison, soit sur l'éducation des enfants, etc., etc.

Voilà donc, mes amis, une des mille significations du mot LIBERTÉ écrit au drapeau de notre République.

Voulez-vous un autre exemple ?

Sous le gouvernement des rois, les vignerons ou les journaliers de notre canton, je suppose, ainsi que les menuisiers, serruriers, charpentiers ou autres corps d'état, auraient voulu s'associer, pour se réunir de temps à autre, tous ensemble au chef-lieu, afin de convenir de leurs intérêts et des justes réclamations qu'ils pouvaient avoir à faire. *Cela leur était défendu.*

Sous la République, au contraire, tous les travailleurs *ont le droit* de s'associer, de se réunir pour s'occuper de leurs affaires et de leurs réclamations ; le tout, cela va sans dire, avec calme, honnêteté, justice, ainsi que doit se conduire tout bon et vrai républicain.

Cette liberté d'association est donc encore une des mille significations du mot LIBERTÉ écrit sur notre drapeau.

Passons maintenant au mot ÉGALITÉ.

Le meilleur exemple que je puisse vous citer à propos de l'ÉGALITÉ, autre bienfait de la République, c'est *le droit électoral* dont nous jouissons tous.

Sous le gouvernement des rois, il y avait, nous l'avons dit, 240,000 *électeurs pour toute la France.*

Aujourd'hui, au nom de l'ÉGALITÉ, *nous sommes tous électeurs* et nous pouvons choisir nos représentants.

Un autre exemple de l'ÉGALITÉ :

Sous le gouvernement des rois, le riche, moyennant son argent, échappait, s'il le voulait, *au recrutement ;* il avait le droit d'acheter un homme et de l'envoyer à l'armée, souvent se faire tuer à sa place, si l'on se battait ; cet impôt du sang, le peuple le payait donc presque seul, et c'était injuste, c'était indigne (je peux parler ainsi, car cet impôt je l'ai payé, j'ai servi pendant sept ans, dont trois années de guerre).

Sous la République, de par le mot ÉGALITÉ, *plus de remplaçant :* s'il tombe au sort, le fils du riche, côte à côte avec le fils du pauvre, portera comme lui la giberne et le fusil, et au besoin, tous deux brûleront bravement leur poudre contre l'étranger ; ne trouvez-vous pas cela juste ? Un chacun ne doit-il pas tenir à honneur d'être à son tour soldat de la France ? L'Égalité le veut : Égalité pour les *droits*, Égalité pour les *devoirs*.

Passons maintenant au mot FRATERNITÉ, le plus beau, le plus saint des trois mots écrits sur notre drapeau, car FRATERNITÉ signifie que *tous les hommes sont frères et qu'ils doivent s'aimer, s'entr'aider en frères*... Aussi, est-ce au nom de ce mot de FRATERNITÉ, mot d'amour et de pardon, que le premier acte de notre République a été d'ABOLIR LA PEINE DE MORT EN MATIÈRE POLITIQUE ; c'est-à-dire que l'on ne pourra plus, comme sous la première République, être condamné à mort pour opinion ou pour conspiration.

Et ce seul fait de l'*abolition de la peine de mort* doit complétement vous rassurer, mes amis, contre les craintes mal fondées que quelques-uns pourraient concevoir en se souvenant des malheurs de notre première révolution.

Il y a, voyez-vous, une énorme différence entre cette révolution et la nôtre.

Quand nos pères (et bénissons leur mémoire, mes amis, car ils nous ont, au prix de leur sang, donné l'exemple des révolutions), quand nos pères ont proclamé la République, *il n'y avait pas en Europe d'autre République que la France ;* les rois étrangers, effrayés pour leur couronne, maudissaient, haïssaient la France ; les peuples étrangers, ignorants, abrutis, ameutés par leurs rois contre notre pauvre France, la maudissaient, la haïssaient aussi, et leurs armées menaçaient nos frontières.

Ce n'était pas tout :

Au dedans, des nobles et des prêtres, furieux de l'abolition de la dîme et des droits féodaux, insurgeant une partie de leurs anciens vassaux, qu'ils dominaient par un reste d'habitude, faisaient éclater la guerre civile ; partout le sang coulait, partout l'incendie brûlait. Vous comprenez, n'est-ce pas, mes amis, la terrible position de la République de ce temps-là ? Menacée par les armées étrangères, déchirée par la guerre civile, c'était affreux ! Alors, pour sauver la France au dehors et punir ou terrifier les conspirateurs et les traîtres au dedans, la République a été forcée d'avoir recours à LA TERREUR ; mais aussi, bientôt notre intrépide armée républicaine chassait l'étranger du sol sacré de la patrie, et la guerre civile était étouffée au dedans.

Sans doute, hélas ! bien du sang a coulé, bien des innocents ont péri pour des coupables ; plaignons-les, pleurons-les ; mais que leur sang retombe sur ceux qui les premiers ont excité la guerre civile et appelé l'étranger en France.

Voilà, mes amis, quelle était *forcément* la position de la première République au dehors et au dedans de la France.

Maintenant, comparons notre Révolution de 1848.

Est-elle, comme la première, *unique en Europe?* Non!... *Toute l'Europe* est au contraire en *pleine révolution.*

Révolution en Allemagne.

Révolution en Autriche.

Révolution en Prusse.

Révolution en Pologne.

Révolution en Italie.

Révolution en Espagne.

Vous le voyez donc bien, mes amis, aujourd'hui tous les peuples sont révolutionnaires; et loin de maudire, de haïr la France, loin de vouloir batailler contre elle, ils la bénissent; car elle leur a donné le premier signal de la liberté.

Nous n'avons donc pas à craindre la guerre étrangère, et s'il y avait, ce que je ne crois pas, des partis ennemis de la République, ils n'oseraient bouger, sachant bien qu'ils n'ont pas à compter sur l'appui de l'étranger.

Les chances de guerre civile et de guerre étrangère étant écartées, le *retour de la* TERREUR *devient donc impossible.*

D'abord, parce que *la peine de mort est abolie,* et puis à quoi bon la *terreur?*

La terreur contre qui?

Encore une fois, qui voudrait la guerre civile?

Est-ce la noblesse?

Pourquoi la noblesse exciterait-elle la guerre civile? La noblesse ne jouit-elle pas comme nous tous de la liberté? Quel tort, quel mal lui fait la République? Aucun.

Est-ce le clergé qui voudrait la guerre civile?

Pas davantage; pourquoi la voudrait-il? On aime, on honore le clergé quand il est tolérant, quand il est sage, et surtout quand il ne se mêle pas de ce qui ne le regarde point.

J'ai désiré vous démontrer, mes amis, afin de vous rassurer, l'énorme différence qui existait dans la nature de nos deux révolutions.

En un mot, dans la première, la France était *la seule nation révolutionnaire* de l'Europe et elle avait la *guerre civile au dedans, la guerre étrangère au dehors.*

Aujourd'hui, *tous les pays de l'Europe sont comme nous révolutionnaires,* et nous avons *la paix au dedans, la paix au dehors,* nous sommes donc dans les conditions les plus rassurantes possibles.

Ceci entendu, mes amis, à dimanche; nous causerons encore de la signification du mot FRATERNITÉ, nous n'avons pas tout dit à ce sujet.

TROISIÈME ENTRETIEN.

Les conséquences de ce mot-là : FRATERNITÉ! voyez-vous, mes amis, sont incalculables dans leur bonté, car la *fraternité* c'est aussi l'union et la paix dans le travail.

Or, la paix, c'est la sécurité, l'union c'est la force, et tôt ou tard le bonheur récompensera les hommes laborieux, forts et unis.

C'est encore au nom de la *fraternité* que notre République a tendu la main aux autres peuples en leur disant :

« Amis, plus de guerre... soyons frères... ou si nous bataillons « encore, que ce soit contre les rois, les éternels oppresseurs de nous « autres peuples qui avons tant d'intérêt à nous aimer les uns les « autres. »

C'est au nom de la *fraternité* que les vrais représentants du peuple devront, nous l'avons dit, réviser ou faire la loi, de telle sorte que les *riches* soulagent leurs *frères les pauvres* de la plus grande partie des charges et des impôts qui les écrasent.

C'est enfin au nom de la fraternité que la République a déjà favorisé et favorisera de toutes manières L'ASSOCIATION..., une des formes de la fraternité; car *l'association* doit être le trésor et la puissance du temps présent et du temps à venir.

Je vais vous donner, mes amis, quelques exemples bien simples de la force et de l'utilité de *l'association*.

Vous êtes voiturier; votre charrette s'embourbe; vous avez beau battre votre cheval, la pauvre bête, malgré ses efforts et ses violents coups de collier, ne peut faire démarrer la voiture de l'ornière; vous poussez vous-même à la roue.... rien ne bouge; trois ou quatre journaliers passant par là voient votre peine, ils vous viennent fraternellement en aide, et poussent avec vous vigoureusement à la roue;.... alors votre voiture marche.... *seul* vous ne pouviez rien;.... mais vos camarades, en *associant leurs forces à la vôtre*, ont rendu possible une chose impossible.... En un mot, mes amis, en cela comme en bien des choses, ce qu'un *homme seul ne peut faire*, des hommes *fraternellement associés le* peuvent.

Voulez-vous un autre exemple des bienfaits de *l'association fraternelle?*

L'autre dimanche, les compagnons charpentiers de Beaugency sont venus me voir; nous avions à causer ensemble de leur *caisse de secours* fondée par leur *association fraternelle;* vous allez tout de suite comprendre, mes amis, comment, je vous le répète, des hommes *associés* peuvent ce que des hommes *isolés* ne peuvent pas.

Avant *l'association* dont je vous parle, un compagnon charpentier tombait malade, n'est-ce pas; il avait une femme, des enfants, et pas d'économies; le voilà donc par la maladie empêché de travailler; et malheureusement le manque de travail, c'est le manque de pain; de sorte que le pauvre travailleur, sans qu'il y ait aucunement de sa faute, se trouve lui et sa famille dans une grande peine; la maladie se prolonge huit jours, quinze jours, un mois! Que devenir? Aller à l'hospice? D'abord il n'y a pas toujours de place à l'hospice, et puis, pendant le temps qu'il y resterait, la femme, les enfants du malade, qui les nourrirait? Je sais bien que, parmi les autres compagnons, un chacun plaindra son camarade, disant du fond du cœur : — Hélas! mon Dieu, c'est un grand chagrin pour lui. Mais qu'y faire? on est pauvre soi-même, on a aussi sa famille, et souvent c'est bien juste.... bien juste, si l'on gagne ce qu'il faut pour vivre.... Et il faudrait *trente, quarante, cent francs* peut-être pour venir en aide au camarade, jusqu'à la fin de sa maladie.... et ces *trente, quarante* ou *cent francs*, quel serait le compagnon assez à son aise pour les donner ou pour les avancer?

Mais savez-vous ce qui arrive depuis que les compagnons charpentiers se sont *fraternellement associés*, comme ils le sont? Ce qui arrive, le voici :

Chaque *associé* paie à la *Caisse commune* une petite somme par mois, cela le gêne à peine, il paie quarante sous, je suppose; si les compagnons sont cinquante, c'est *cent francs* par mois, au bout de trois mois, voilà donc *trois cents francs;* un compagnon tombe malade, il est obligé de garder le lit huit jours, quinze jours, un mois, *l'association* lui donne quarante sous par jour jusqu'à son rétablissement; de la sorte, la misère ne vient pas augmenter le chagrin que la famille éprouve de voir son chef malade.

Vous le voyez, mes amis, grâce à leur FRATERNELLE ASSOCIATION, voici tous les compagnons charpentiers de Beaugency certains de ne pas voir en cas de maladie leurs familles souffrir de grandes privations.

Cela revient à ce que je vous disais tout à l'heure; *un chacun* des compagnons charpentiers pris à part et *isolément, ne pouvait rien que* plaindre son camarade, tandis que *tous en s'associant peuvent se venir en aide les uns aux autres,* au *nom de* LA FRATERNITÉ.

Voulez-vous un autre exemple :

Vous savez comme moi, n'est-ce pas, que le soldat vit *avec environ dix à douze sous par jour,* et qu'il vit mieux, à ce prix-là, que les trois quarts des travailleurs des villes et des campagnes ; son pain est bon, il mange de la viande plusieurs fois par semaine, il boit du vin tous les jours.

Maintenant supposez les soldats *isolés* les uns des autres, et obligés de vivre chacun de leur côté avec leurs *douze sous par jour,* ils auront à peine de quoi ne pas mourir de faim, tandis qu'ils vivent bien *en associant leurs douze sous* par jour.

Aussi, comme je vous le disais, le gouvernement républicain voulant, autant que possible, favoriser toute espèce *d'association* au nom DE LA FRATERNITÉ, le Gouvernement républicain s'occupe de fonder à Paris de grandes MAISONS COMMUNES MODÈLES (et entre nous, je suis très fier d'avoir, il y a quatre ou cinq ans, proposé aussi cette idée-là dans un de mes livres : *Le Juif errant*). Dans les *maisons communes,* les travailleurs et leur famille vivraient en *association*, moyennant quinze ou vingt sous par jour, comme ils ne vivraient pas isolément avec cinquante sous ou trois francs. Comment cela ? me direz-vous. Comment pourront-ils *vivre beaucoup mieux en dépensant beaucoup moins ?*

Par une raison toute simple, mes amis.

C'est que L'ISOLEMENT *multiplie inutilement les dépenses*, tandis que L'ASSOCIATION *les réduit.*

Ainsi, prenons une commune composée de cinquante ménages, n'est-ce pas. Il y a, vers l'heure du repas du soir,

CINQUANTE *feux flambant;*

CINQUANTE *chandelles brûlant;*

CINQUANTE *marmites sur pied;*

CINQUANTE *femmes occupées à veiller à ces marmites.*

Si, au contraire, on *s'associait* dans la commune pour manger fraternellement ensemble, par tables de trente ou quarante, ou même plus, ainsi que cela arrive quelquefois l'an pour les repas de noces ou de baptême, et ce ne sont point les pires repas pour l'appétit et la bonne humeur, au lieu de *cinquante* chandelles, *quatre ou cinq* bonnes lampes à huile éclaireraient tout le monde, et ne coûteraient pas le prix de douze chandelles.

Voilà donc pour chaque ménage *la dépense de l'éclairage réduite* DES TROIS QUARTS PAR L'ASSOCIATION.

Au lieu de *cinquante feux*, il n'y en aurait qu'un grand qui n'emploierait pas le quart de ce que consommeraient les cinquante petits feux.

Voilà donc pour chaque ménage *la dépense du bois diminuée des* TROIS QUARTS *par* L'ASSOCIATION.

Au lieu de *cinquante petites marmites soignées par cinquante* femmes, il y aurait quatre ou cinq grandes marmites soignées par quatre ou cinq femmes qui, dans l'association, seraient de cuisine chacune à leur tour.

Qu'en arriverait-il? C'est que les quarante-cinq autres femmes qui ne seraient pas de cuisine auraient tout leur temps à elles, soit pour le travail de la maison, soit pour le travail des champs; car, de même que quatre ou cinq femmes suffiraient pour faire la cuisine chacune à leur tour, quatre ou cinq femmes suffiraient aussi pour garder chacune à leur tour les petits enfants de l'association pendant la journée, dans la crèche ou la salle d'asile de la commune.

Et il va sans dire qu'en *s'associant* on achète *tout en gros* au lieu d'acheter *tout en détail*. On gagne donc encore là-dessus près *d'un quart*. Ainsi, seulement pour la nourriture, pour la garde des enfants, voilà près *des trois quarts* de dépenses inutiles d'économisées, et les trois *quarts du temps* de gagné; or, pour le travailleur, le temps, c'est de l'argent. Maintenant, reportez seulement la moitié de cette épargne sur votre nourriture, et vous vivrez donc, comme je vous le disais, *beaucoup mieux* et à *bien meilleur marché*.

Je sais que d'aucuns me diront : Mais moi je préfère manger tout seul dans ma maison.

Soit, tout le monde est libre de vivre comme il veut.

Libre à ceux-là de manger tout seuls et de vivre moins bien en dépensant trois fois plus que leurs voisins.

D'autres me diront encore : Mais, dans ces *associations*, il y aura de mauvais caractères qui ne corderont pas avec tout le monde.

Je répondrai à cela, mes amis, que heureusement les mauvais caractères sont souvent en petit nombre, et puis qu'il *ne faut pas avoir un mauvais caractère*.

On doit, au contraire, le changer ou l'adoucir, lorsqu'il s'agit de vivre soi et sa famille bien plus à l'aise que l'on ne vivait.

Je vous répondrai enfin que, dans l'intérêt de tous, il faut entre soi se pardonner bien des petites choses et s'aimer, et s'aider les uns les autres au nom de la *Fraternité*.

En un mot, mes amis, vous comprendrez, je crois, que si un journalier gagnant trente ou trente-cinq sous par jour peut, en *s'associant*, vivre pour dix ou douze sous bien mieux qu'il ne vivrait pour vingt-cinq sous;

que si sa femme n'ayant plus pendant la journée à s'occuper de garder les enfants, ou de faire la cuisine que lorsque vient son tour, c'est-à-dire huit à dix fois par mois; que si sa femme, disons-nous, trouve à utiliser, soit en allant en journée, soit en allant aux champs, les vingt jours du mois qui lui restent de tout à fait libres, le sort de ces travailleurs et celui de sa famille sera bien plus heureux, n'est-ce pas ?

Maintenant si la République favorise de tout son pouvoir ces *associations*, si elle continue de diminuer les autres impôts qui frappent les objets de première nécessité; si elle encourage beaucoup l'agriculture, cette bonne mère nourricière du pays, en utilisant au profit des communes ces grands biens communaux qui pour la plupart ne demandent qu'à produire du grain, du bois, des plantes fourragères et potagères, des prairies, il s'ensuivra que le nombre du bétail indispensable à toute culture s'augmentera infiniment et que le prix de la viande finira par baisser de façon à ce que chacun puisse en manger. Ajoutez ces améliorations que le temps certainement amènera, aux économies qui peuvent résulter de L'ASSOCIATION *fraternelle*, et vous verrez que la position de chacun deviendra de plus en plus heureuse.

Sans doute, mes amis, le Gouvernement républicain, soutenu par de vrais représentants du peuple, fera tout ce qu'il pourra, mais il faut aussi que, de notre côté, nous agissions; il faut surtout *nous* UNIR, nous ASSOCIER, car j'ai tâché de vous le prouver.

L'union fait la force, l'association donne l'aisance.

Vous savez le proverbe : *Aide-toi le ciel t'aidera*, il faut ajouter :

AIDONS-NOUS, LA RÉPUBLIQUE NOUS AIDERA.

Résumons-nous donc. J'ai jusqu'ici espéré de vous démontrer :

Que le Gouvernement de la République était le meilleur que nous puissions avoir, par cette raison toute simple *que la République est le gouvernement du peuple* PAR LE PEUPLE, puisque nous sommes tous électeurs, et que nous choisissons nos représentants.

Je vous ai dit encore quels étaient les principes de la République, principes renfermés dans ces trois mots écrits sur notre drapeau : LIBERTÉ, ÉGALITÉ, FRATERNITÉ.

Je vous ai dit encore qu'il n'y a aucune comparaison à faire entre l'ancienne république et la nouvelle, et qu'ainsi vous deviez être complétement rassurés.

Je vous ai dit enfin que L'ASSOCIATION, une des mille conséquences de la *fraternité*, était et serait toujours très encouragée par la République, parce que *l'association* peut et doit améliorer beaucoup le sort de chacun.

Dimanche prochain, mes amis, nous parlerons DU DROIT AU TRAVAIL, droit sacré proclamé par la République le lendemain du jour de son établissement ; nous causerons ensuite une dernière fois des élections. La chose la plus importante de ce temps-ci, car le salut de la France, le bonheur de tous, dépendra du bon choix de vos représentants ; en un mot, mes amis, votre sort est entre vos mains, nommez de vrais républicains et tout ira bien.

QUATRIÈME ENTRETIEN.

Nous causerons aujourd'hui DU DROIT AU TRAVAIL, proclamé, je vous l'ai dit, par la République.

L'explication de ce principe : *droit au travail*, complétera les éclaircissements que j'ai tâché de vous donner sur la forme et les avantages du Gouvernement républicain.

Jusqu'à présent il arrivait souvent, n'est-ce pas, qu'un brave et honnête ouvrier ou journalier ayant bon vouloir, bon cœur à l'ouvrage, demandait du travail, et malheureusement il n'en trouvait pas ; il restait ainsi malgré lui inoccupé pendant huit jours, quinze jours, un mois, et pendant ce temps-là ce qu'il souffrait, lui et sa famille, Dieu le sait !

Et cela était cruel, et cela était injuste, car l'honnête homme qui n'a pour tout bien que ses bras et sa bonne volonté de s'occuper, *ne devrait jamais être exposé à manquer d'ouvrage*, ses travaux devraient être payés de façon à ce qu'il pût se procurer une bonne nourriture, de bons vêtements et un logement sain.

Le travailleur devrait en outre, s'il voulait s'instruire (et il le doit, on apprend à tout âge), pouvoir s'instruire sans qu'il lui en coûtât rien pour cela ; de même aussi ses enfants devraient pouvoir aller à l'école sans avoir rien à payer, pas même le papier, les livres ou autres fournitures. Cela paraît peu de chose, et pourtant ces petites dépenses empêchent souvent les parents pauvres de donner de l'instruction à leurs enfants, et c'est un grand dommage, mes amis, car l'instruction nous rend plus capables, l'instruction nous rend meilleurs, en nous donnant la *connaissance*, qui nous empêche souvent de tomber dans le mal.

Ainsi, mes amis, en bonne justice, le travailleur ne devrait jamais manquer de travail, et toujours gagner assez pour pouvoir bien vivre et bien élever sa famille ; l'instruction devrait être donnée pour rien à ses enfants, et après trente ou quarante années de labeur et de probité, il devrait être assuré d'une retraite pour ses vieux jours.

Sans doute, me direz-vous, il serait très heureux qu'il en fût ainsi.

Mais comment parvenir à arranger tout cela! N'y a-t-il pas des années, des siècles que nous et les nôtres nous endurons toutes sortes de misères?

Je vous répondrai, mes amis, qu'en effet tout cela est très difficile à arranger, mais que le premier soin de la République a été d'établir à Paris une réunion de délégués des ouvriers de tous les états et de leurs patrons ou bourgeois, qui tous ensemble s'occupent fraternellement (vous voyez... toujours la fraternité), qui tous ensemble, disons-nous, s'occupe fraternellement des questions qui intéressent le travail; ils cherchent entre eux et de bon accord tous les moyens possibles d'assurer un jour aux travailleurs de France, soit des villes, soit des champs, de l'ouvrage en tout temps, un salaire suffisant et une retraite pour leurs vieux jours.

Or, mes amis, depuis que le monde est monde, jamais aucun gouvernement ne s'était occupé des questions qui intéressent le travail, et c'est la gloire de notre République de s'en être occupée la première.

Ainsi donc cette réunion composée d'ouvriers et de bourgeois, étudie, examine comment l'on pourrait arriver aux bons résultats dont je vous ai parlé, et prépare ainsi la besogne à l'Assemblée nationale dans laquelle les représentants du peuple auront donc à *régulariser* définitivement *le travail*, c'est-à-dire, laissez-moi vous le répéter encore, trouvera le moyen d'améliorer le sort présent et à venir des travailleurs des villes et des campagnes, et cela aussi dans l'intérêt de tous ceux qui possèdent, car le bonheur croissant des travailleurs assurera pour toujours la tranquillité, la sécurité de leurs frères les riches.

Vous comprenez, n'est-ce pas, mes amis, que cette œuvre sera pour les représentants du peuple une tâche aussi difficile que belle... Sans doute, il leur faudra bien chercher, bien examiner, bien s'entr'aider les uns les autres pour la mener à bonne fin cette grande tâche! Mais espérons que les hommes de cœur ne manqueront pas, espérons aussi que les travailleurs sauront de leur côté prendre encore un peu patience. Voilà tant d'années, tant de siècles qu'ils souffrent sans que l'on s'occupe d'eux, que la certitude de voir leur sort enfin changé par la République doit leur donner confiance, courage, et encore un peu de résignation.

Pour en finir, mes amis, avec la question du travail, et en attendant qu'elle soit décidée, voici les améliorations qu'il me semble possible d'obtenir prochainement si *les représentants du peuple font leur devoir*.

1° *Ateliers nationaux* ouverts dans toute la France, et dans lesquels les travailleurs, momentanément sans ressources et sans occupation, seront toujours sûrs de trouver de l'ouvrage, c'est-à-dire du pain pour eux et pour leur famille.

2° *Crèches et salles d'asile communales* établies pour les enfants des campagnes sur le modèle des crèches et des salles d'asile des villes.

3° *Éducation gratuite ;*

4° *Fermes-modèles et écoles d'agriculture ;*

5° *Maisons de retraite* pour les travailleurs que l'âge ou les infirmités rendent incapables de gagner leur vie ;

6° *Encouragements* de toutes sortes donnés par la République à l'ASSOCIATION ;

7° *Suppression de l'impôt du sel, diminution de l'impôt* sur les objets de première nécessité ;

8° *Diminution* et peut être *suppression* d'impôts sur les portes et fenêtres *lorsque le loyer sera au-dessous d'une certaine somme,* car il est juste que les portes et fenêtres d'une maison de campagne, d'un château ou d'un hôtel paient beaucoup plus d'impôt que la porte et la fenêtre d'une chaumière ;

9° *Diminution d'impôts* sur la petite propriété qui sera dégrevée par des impositions progressives et proportionnelles sur la grande propriété ;

10° *Mise en valeur et en culture* des biens communaux *au profit des communes.*

Or, vous m'avouerez, n'est-ce pas, mes amis, que si le travailleur des campagnes était prochainement certain :

De ne jamais manquer d'ouvrage et d'être assuré d'une retraite pour ses vieux jours ;

De voir ses enfants soignés pendant la journée, dans des crèches ou dans des salles d'asile ;

De voir ses enfants obtenir, lorsqu'ils seront en âge, une instruction complétement gratuite ; et plus tard devenir excellents cultivateurs par la fréquentation des écoles d'agriculture ;

De pouvoir vivre bien mieux et à bien meilleur marché grâce aux encouragements donnés par la République à *l'association ;*

De payer beaucoup moins d'impôts de toutes sortes ;

Et enfin d'avoir, par son travail, une bonne part dans les bénéfices de la mise en culture et en valeur des biens communaux ;

Le travailleur des campagnes, disons-nous, s'il jouissait de tous ces avantages, trouverait avec raison, n'est-ce pas, son sort de beaucoup amélioré.

Eh bien, mes amis, SI VOUS CHOISISSEZ DE BONS REPRÉSENTANTS PARMI LES CANDIDATS, AUX ÉLECTIONS DE DIMANCHE PROCHAIN, il est presque certain que vous obtiendrez ces améliorations à votre sort, et plus tard la complète *organisation du travail* vous donnera probablement *plus et mieux encore.*

Mais pour obtenir ceci d'abord, et ensuite quelque chose de mieux, il faut, mes amis, je ne saurais trop vous le recommander, *bien choisir vos représentants,* c'est-à-dire vous faire représenter autant que possible par des hommes voués depuis longtemps à la cause du peuple, et vous trouverez surtout ces hommes-là *parmi les vrais républicains*, puisque j'ai tâché de vous démontrer que la République était le meilleur gouvernement pour le peuple, puisqu'il était élu par le peuple lui-même.

Encore une fois, mes amis, votre bonheur à venir dépend absolument du choix que vous allez faire, car si le plus grand nombre de vos représentants n'est pas véritablement dévoué à vos intérêts, les améliorations dont je vous parle et qui, selon moi, sont *très possibles,* ces améliorations seront encore retardées.

Et si ce malheur arrivait, mes amis, il ne faudrait vous en prendre en grande partie qu'à vous-mêmes, puisque les représentants que vous allez nommer, si bien intentionnés qu'ils soient, *ne peuvent améliorer votre sort que s'ils sont les plus nombreux à l'Assemblée nationale.*

Maintenant, mes amis, la tâche que j'ai entreprise est terminée.

J'ai essayé de vous prouver que notre intérêt à tous est de soutenir le *Gouvernement républicain*, parce que lui seul peut assurer le bonheur, la gloire et l'indépendance de notre chère et belle France.

Si j'ai réussi à vous persuader, j'en serai heureux pour vous et pour moi, car ce que j'ai voulu, en vous écrivant, c'est le bien de nous tous.

Allons, mes bons et chers amis, union, courage et espoir, Dieu protége la République, car, vous le savez comme moi, jamais de mémoire de laboureur et de vigneron la récolte ne s'est annoncée plus belle, nos seigles sont déjà épics, nos blés sont magnifiques et nos vignes regorgent de sève; encore une fois union, courage et espoir.

Un dernier mot de remercîment, mes amis, pour la confiance et l'amitié que vous m'avez montrées, c'est la récompense la plus douce, la plus honorable que je pouvais recevoir de mon dévoûment pour vous.

Adieu, mes amis, ou peut-être au revoir, car vous me trouverez toujours lorsque je pourrai vous être bon à quelque chose.

Encore adieu, aimez-moi comme je vous aime.

EUGÈNE SUE.

Aux Bordes, département du Loiret.

FIN DU RÉPUBLICAIN DES CAMPAGNES.

Imp. de GUSTAVE GRATIOT, 11, rue de la Monnaie.

www.ingramcontent.com/pod-product-compliance
Lightning Source LLC
Chambersburg PA
CBHW060712280326
41933CB00012B/2398